UTE FREIHART

DES KONNST DEIM
BOU VEAZÖHLN

OBERPFÄLZISCH FÜR ANFÄNGER

BUCH- UND KUNSTVERLAG
OBERPFALZ

Bibliografische Information der Deutschen Nationalbibliothek

Die Deutsche Nationalbibliothek verzeichnet diese Publikation in der Deutschen Nationalbibliografie; detaillierte bibliografische Daten sind im Internet über http://dnb.dnb.de abrufbar.
ISBN 978-3-95587-078-2

1. Auflage 2020
ISBN 978-3-95587-078-2
Alle Rechte vorbehalten!
© 2020 Buch- und Kunstverlag Oberpfalz in der Battenberg Gietl Verlag GmbH, Regenstauf
www.battenberg-gietl.de

Illustrationen: Ute Freihart

INHALT

LEKTION 1

LEKTION 2

LEKTION 1

Seite 6-23

1

DIE AUSSPRACHE UND DER KLANG

ABC

DEFGHIJKLMNOPQRSTUVWXYZÄÖÜß

1

Die Aussprache und der Klang

 Folgt einem „I" ein „L" so wird es in den meisten Fällen zum „Ü".
Brün *Brille*
Müch *Milch*
Füm *Film*

 Wenn nach einem „E" ein „Doppel-L" steht wird es in der Regel zum „Ö".
Dölla *Teller*
Dankstölln *Tankstelle*
Schölln *Schelle*

 Das „Ö" sowie das „Ü" werden von den Oberpfälzer*innen gerne durch „IJ" ersetzt.
schij *schön*
bläijd *blöd*
mijd *müde*

 Das U wird sehr oft zu einem OU.
Bou *Bub*
Kouh *Kuh*
Schouh *Schuh*

Das Bellen und Jaulen

Viele Wörter der Oberpfälzer Mundart unterscheiden sich oft sehr von der einen Ortschaft zur nächsten. So sind schon im Umkreis von nur wenigen Kilometern Sprach- und Klangunterschiede zu hören. Aus diesem Grund ist es schwer, mit diesem Buch für die gesamte Oberpfalz zu sprechen, da je nach Region kleine Abweichungen zu finden sind.

Doch eines ist in der ganzen Oberpfalz gleich: Der Dialekt erinnert stark an Bellen und Jaulen. Hier sind einige Laute, die zu dem typischen Klang beitragen.

1

DIE
PRÄPOSITIONEN

1

Die Präpositionen

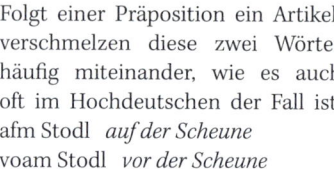

Folgt einer Präposition ein Artikel, verschmelzen diese zwei Wörter häufig miteinander, wie es auch oft im Hochdeutschen der Fall ist:
afm Stodl *auf der Scheune*
voam Stodl *vor der Scheune*

Eine Ausnahme gibt es, wenn der Artikel „da" verwendet wird. In diesem Fall werden Präposition und Artikel nicht zusammengefügt:
af da Schupfa *auf dem Schuppen*
voa da Schupfa *vor dem Schuppen*

1

Asse | Naus

D'Kouh göjht gmijtlich asm Stodl asse. *Die Kuh geht gemütlich aus der Scheune raus.*

Affe | Naf

Dannat schauts, wöjs aufs Stodldoch naf kumma kannt und springt gschmaidig affe. *Dann schaut sie, wie sie auf das Scheunendach hoch kommen könnte und springt elegant hinauf.*

Umme | Num | Iwara

D'Kouh wü zu am grouußn Bam umme hupfa. *Die Kuh will zu einem großen Baum hinüber hüpfen.*

Owe | Nunda

Owa des schoffts niad und follt vom Stodldoch owe. *Aber sie schafft es nicht und fällt vom Scheunendach runter.*

Eine | Nei

Ganz dramhappat göjhts dannat lijba wieda in Stodl eine. *Ganz benommen geht sie dann lieber wieder in die Scheune rein.*

1

DIE PERSONALPRONOMEN

1

Die Personalpronomen

NA, I WOA
DEES NIAT,
DIJ WOAS!

Relativpronomina

der | der wou *derjenige* | *welcher*
dij | dij wou *diejenige* | *welche*
des | des wou *dasjenige* | *welches*

Singular

Nominativ	i *ich*	du *du*	er | a *er*
Dativ	ma *mir*	dir | da *dir*	eahm *ihm*
Akkusativ	mi *mich*	di *dich*	'n *ihn*

Nominativ	sie | s' | sa *sie*	es | 's *es*	
Dativ	ihr | ehra *ihr*	eahm *ihm*	
Akkusativ	s' *sie*	as | 's *es*	

Plural

Nominativ	mia | ma *wir*	ihr | ös *ihr*	sie | sa | s' *sie*
Dativ	uns *uns*	eich | enk *euch*	eahna *ihnen*
Akkusativ	uns *uns*	eich | enk *euch*	s' *sie*

Die Zahlen bis hundert

Die Uhrzeiten

Die Zeitformen

2

DIE ZAHLEN BIS HUNDERT

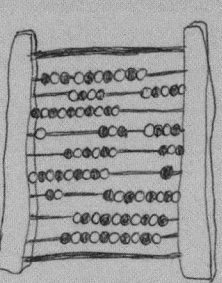

2

Die Zahlen bis hundert

Bei den Zahlen bis hundert wird, mit Ausnahme von eins, zwei, drei und hundert, gerne ein „e" mit angehängt. Von den Einern wird ab der Zahl Einundzwanzig das „e" durch ein „a" ersetz. Dieses „a" ist die Verbindung von Zehner und Einer, wie zum Beispiel bei „dreiazwanzge" und „sechsasiewazg". Bei der Zahl Zwei gibt es die einzige Ausnahmen, hier wird ein „ra" mit eingefügt, wie es bei „zwoaradreißge" oder „zwoaraneinzg" zu sehen ist.

1 oins | oans

2 zwoi | zwoa

3 drei

4 vija | vier | viere

5 fümf | fümfe

6 sechs | sechse

7 siem | sieme

8 ochd | ochde

9 nein | neine

10 zeah | zeahne

11 öjf | öjfe

12 zwöjf | zwöjfe

13 dreizeah | dreizeahne

14 vierzeah | vierzeahne

15 fuchzeah | fuchzeahne

16 sechzeah | sechzehne

17 siewazeah | siebzeah | siebzeahne

18 ochdzeah | ochdzeahne

19 neinzeah | neinzeahne

20 zwanzg | zwanzge

30 dreißg | dreißge

40 vierzg | vierzge

50 fuchzg | fuchzge

60 sechzg | sechzge

70 siewazg | siebzg | siebzge

80 ochzg | ochzge

90 neinzg | neinzge

100 hundad

2

DIE UHRZEITEN

2

Die Uhrzeiten

Das Lesen und die Angabe der Zeit

Die Zeit wird immer ohne „Uhr" dahinter angegeben. Und auch digitale Uhrzeiten gibt es nicht. Zu 09:10 Uhr sagt man nicht „Es ist neun Uhr zehn" sondern „Es is zehn noch neine".

Außerdem verwendet man nur die Zahlen Eins bis Zwölf zur Angabe der Uhrzeit. Deswegen ist es nützlich, der Zeitangabe, passend zur Tageszeit, noch „am Voamedog", am Nomedog" oder „af d'Nocht" anzuhängen.

Die volle Stunde

Allen Zahlen bis zwölf, mit Ausnahme von „oans", „zwoa" und „drei", wird bei der Angabe der Uhrzeit die Endung „e" angehängt.

Viertel, Halb und Dreiviertel

Die Zwischenzeiten, wie Viertel, Halb und Dreiviertel, werden immer hin zur nächsten vollen Stunde gedacht und angegeben.

VIATL

01:15

ZWOA

HALWA

SEC
HSE

DRE
IVI
ATL
ÖLFE

2

DIE ZEITFORMEN

2

Die Zeitformen

Im Oberpfälzischen gibt es das Präteritum, also die erste Vergangenheit, nicht. Man verwendet nur diese vier Zeitformen:

Präsens

Da Lugge is a Nochtmensch, um ochde in da frijh gejht a ins Bett. *Ludwig ist ein Nachtmensch, um acht Uhr morgens geht er ins Bett.*

Perfekt

Seine Kech hom oiwei obwechselnd Nochtschichtn ghabt, wei da Lugge east am Omnd gfrühstückt hod. *Seine Köche haben immer abwechselnd Nachtschichten gehabt, da Ludwig erst am Abend gefrühstückt hat.*

Plusquamperfekt

Sellmals hod da Lugge in da Nocht goabat ghabt, wei erm dou nermads eine ren kinna hod. *Damals hatte Ludwig in der Nacht gearbeitet, weil ihm da niemand reingeredet hatte.*

Futur

Da Lugge wead oiwei ojis Märchenkini bekonnt bleim. *Ludwig wird immer als Märchenkönig bekannt bleiben.*

Die Begrüßung und Verabschiedung

Die Fragewörter

Die Verneinung

LEKTION 3

Seite 38-53

3

DIE BEGRÜSSUNG UND VERABSCHIEDUNG

3

Die Begrüßung und Verabschiedung

Grijßdi

Dieses Grußwort kann man zu jeder Tageszeit nutzen. Trifft man jedoch auf eine Gruppe von mehreren Leuten ist die Form „Grijßenk" passend. Bei einer Respektsperson verwendet man hingegen die höflichere Form „Grijßeahna".

Guadmoang | Moang

Diese Begrüßung wird vormittags, bis ca. 11 Uhr, genutzt. Man kann den Gruß gegenüber Bekannten oder Respektspersonen verwenden.

Mohlzeit

Zur Mittagszeit verwendet man dieses knappe Wort, das nicht nur das Gegenüber begrüßt, sondern ihr*ihm auch einen „guten Appetit" wünscht.

Guanoumd | Oumd

„Guanoumd" oder die Kurzform „Oumd" wird am späten Nachmittag und Abend verwendet. Man kann mit diesem Wort Bekannte oder Freund*innen, aber auch autoritäre Personen grüßen.

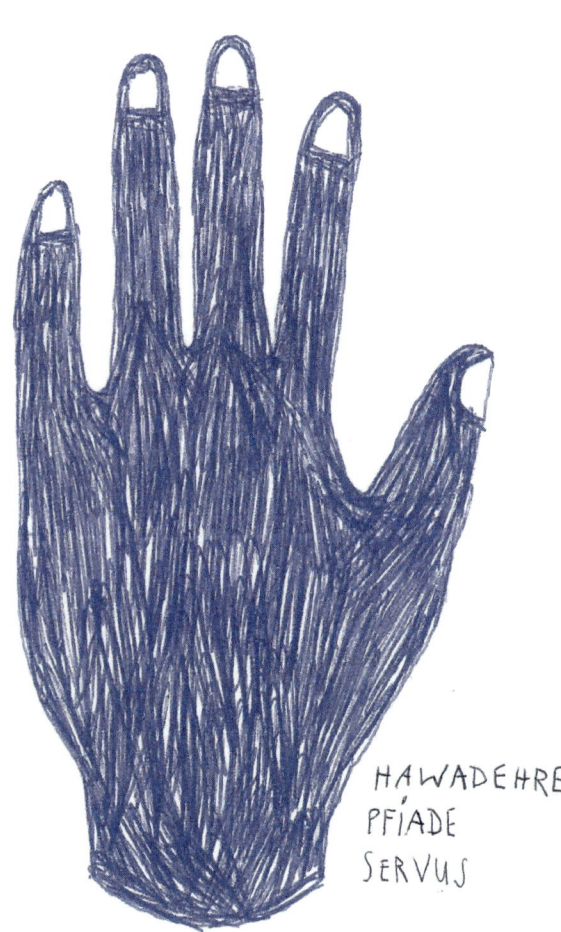

HAWADEHRE
PFIADE
SERVUS

Hawadehre

Damit begrüßt oder verabschiedet man sich unter Bekannten oder Freund*innen. Gegenüber einer autoritären Person sollte man diesen Gruß nicht verwenden.

Pfiadi

Verabschiedet man sich von einer Person verwendet man das kurze Wörtchen „Pfiadi". Bei einer Gruppe von Freund*innen oder Bekannten nutzt man hingegen die Form „Pfiadenk". Für Respektspersonen gebraucht man die höflichere Form „Pfiadeahna".

Servus

Eins der wohl beliebtesten Grußwörter, nicht nur in der Oberpfalz, sondern in ganz Bayern, ist das freundschaftliche „Servus". Das man nicht nur zur Begrüßung, sondern auch zur Verabschiedung unter Bekannten und guten Freund*innen verwendet.

3

DIE FRAGEWÖRTER

3

Die Fragewörter

WANN WOAST'N DU AAS LETZDP MOL IN DA KIRCHA?

WÖJ GÖJHT'S NA DA MUADA VOM ANDL SEINA DOCHDA DA MO?

WÖJ VÜ WEIBA HOD DEI BOU IJZ SCHO G'HOBT?

Ha

Ha? *Wie bitte? Könntest du das wiederholen?*

Wouher | Wouhi

Wou kummt'n da Tschamsdara vo da Mare her? *Woher kommt der Liebhaber von Maria?*

Wou göjht'n da Resl ihr Meudl oiwei am Freidaoumd hi? *Wohin geht Theresas Tochter ständig am Freitagabend?*

Wöj

Wöj bijglst'n du deine Unterbumpeln? *Wie bügelst du deine Unterhosen?*

Wos

Wos fiara Hoafoab hot dia am bestn bei da Traudl gfalln? *Welche Haarfarbe hat dir am besten bei Edeltraud gefallen?*

53

3

DIE VERNEINUNG

3

Die Verneinung

Ein einfaches „Nein" reicht nicht. Deswegen nutzt man nicht eine einfache Verneinung. Man verdoppelt, verdreifacht, teilweise hin bis zu verfünffacht diese. So macht die*der Oberpfälzer*in deutlich und drückt bekräftigt aus, wenn sie*er etwas nicht will.

Doppelte Verneinung
Da Schorsche isst koa Suppn niad. *Georg isst keine Suppe.*

Dreifache Verneinung
Da Schorsche hot nu nie niad koa Suppn gessn. *Georg hat noch nie eine Suppe gegessen.*

Vierfache Verneinung
Da Schorsche hot nijmols niad koa Suppn niad gessn. *Georg hat noch niemals eine Suppe gegessen.*

Fünffache Verneinung
Da Schorsche kennd neamads dea nijmols niad koa Suppn niad gessn hot. *Georg kennt niemanden der jemals eine Suppe gegessen hat.*

Die Anatomie

Die Familie

Die Tiere

**Die Getränke und
das Essen**

LEKTION 4

Seite 54-73

4

DIE ANATOMIE

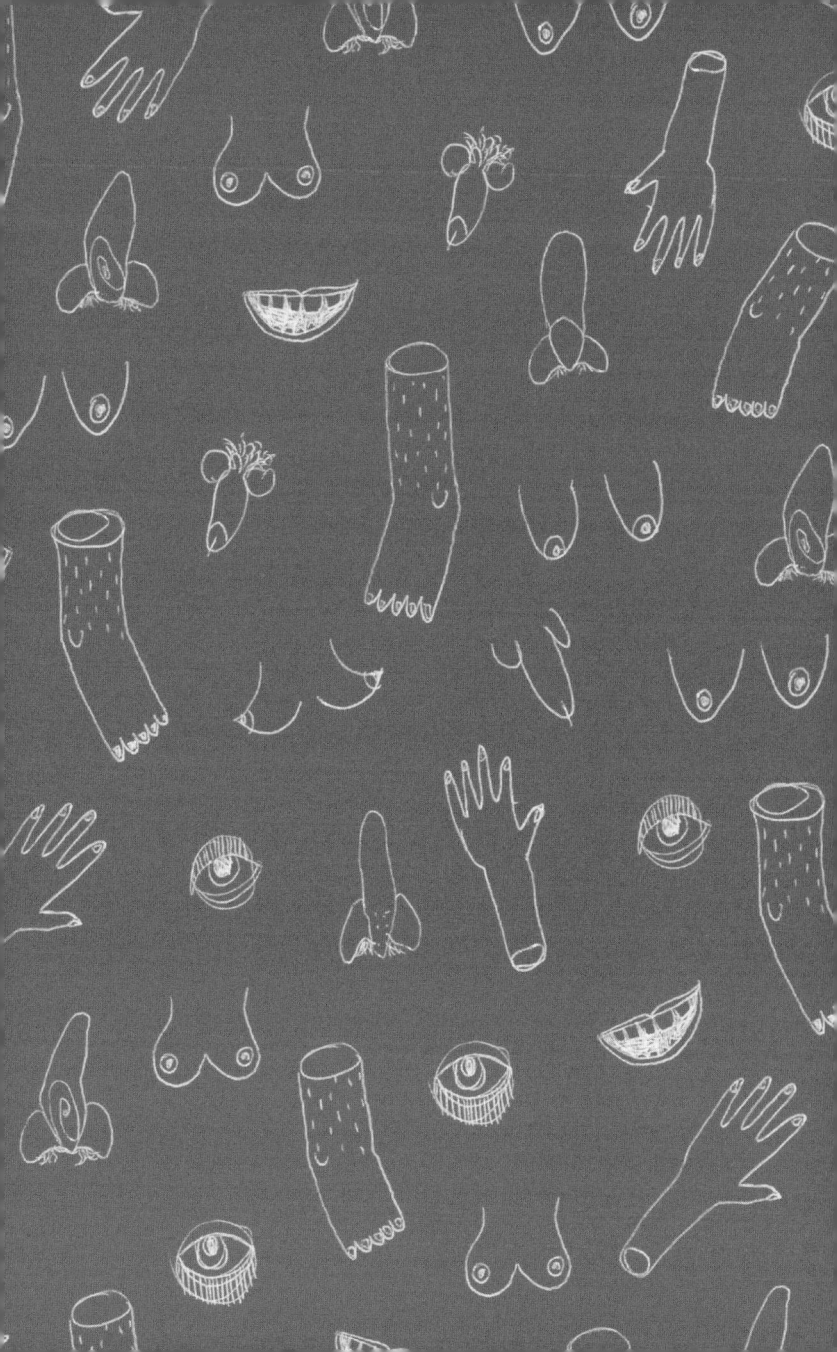

Anatomie

LUSerWASCHL

ÖLLABONG

BRATEN

Hosn

Gwand *Klamotten*
Untahemat *Unterhemd*
Hosn *Hose*
Hoaschöijbbl *Haarsträhne*
Zinkn *Große Nase*
Luserwaschl *Ohr*
Brün *Brille*
Boad *Bart*
Buggl *Buckel*
Greiz *Rücken*
Öllabong *Ellbogen*
Bratzn *Große Hände*
Wambm *Großer Bauch*
Schwatn *Bauchspeck*
Bippal *Penis*
Knöij *Knie*
Waadl *Wade*
Schieboa *Schienbein*
Zöichanoogl *Zehnagel*
Zöicha *Zeh*
Feaschn *Ferse*
Heenaauch *Hühnerauge*

HOASCHÖijbbl

EINKN

Brün

BOAd

BUGGL

UNTAhemaT

GREIZ

WAMbM

GWAND

Knij

SCHIEBOA

WAAdl

heenAAUCH

ZÖICHA

ZÖICHANDDGL

FeASLHN

63

SCHEDL

HIANKASTL

NOOSN

ZEH

KLEIDL

DASCH

SCHOAMPFA

FÜISS

SCHDU

HOA

AUG

GOSCHN

GUAGL

OAM

PFOUDSCHN

BOIJNA

SCHDOBBL

Hoa *Haare*
Zeh *Zähne*
Hiankastl *Gehirn*
Scheedl *Schädel*
Aug *Auge*
Noosn *Nase*
Goschn *Mund*
Guagl *Kehle*
Oam *Arm*
Pfoudschn *Hand*
Oasch *Po*
Kleidl *Kleid*
Hoiz vor da Hüttn *Großer Busen*
Boijna *Beine*
Schdampfa *Dicke Beine*
Schdobbl *Stoppel*
Schou *Schuhe*
Föiss *Füße*

DIE FAMILIE

Die Familie

GSCHWISDA

SCHWEESDA

BrOUDA

ZWÜLLINC

GLOA

Meudl   BOU   Meudl

D'Dochda | Da Sohn

„D'Dochda" und „da Sohn" sind die Kinder der Eltern.

D'Dande | Da Onge

„D'Dande" und „da Onge" sind die Geschwister der Mutter beziehungsweise des Vaters und deren Ehepartner*in.

D'Nichdn | Da Neff

„D'Nichdn" und „da Neff" sind die Kinder der Schwester oder des Bruders.

D'Enklin | Da Enkl

„D'Enklin" und „da Enkl" sind die Kinder der Kinder.

D'Schwocherin | Da Schwocha

„D'Schwocherin" oder „da Schwocha" ist die Ehefrau beziehungsweise der Ehemann der Schwester, des Bruders oder des Ehepartners.

A Gschpusi | A Tschamsdara

„A Gschpusi" oder „a Tschamsdara" ist ein*e Geliebte*r oder auch eine Affäre beziehungsweise eine Liebschaft. Wobei „a Gschpusi" nicht ganz so negativ besetzt ist wie „a Tschamsdara".

RAMMESCHULKSN

DIE TIERE

Die Tiere

Rammeschucksn

Eines der wohl berühmtesten oberpfälzischen Tiere ist das „Rammeschucksn". In vielen bayerischen Ge-
genden ist es auch als Wolpertinger
bekannt. Hierbei handelt es sich um
ein Mischwesen.

Das Aussehen dieser sehr seltenen
Wesen variiert oft stark. Meistens
haben sie zwei bis vier Füße, Hör-
ner und Flügel. Der Wald ist sein
natürlicher Lebensraum. Doch da
das Tier sehr scheu ist, zeigt sich das
„Rammeschucksn" nur sehr selten
den Menschen.

RATZ

WEPS

HOS

JACHKATZL

GöjROUM

Omeisn

Schnougn

HENA

ANTN

Ziberl

SCHOUF

KATZ

FACKL

73

DAS ESSEN UND DIE GETRÄNKE

4

Die Getränke und das Essen

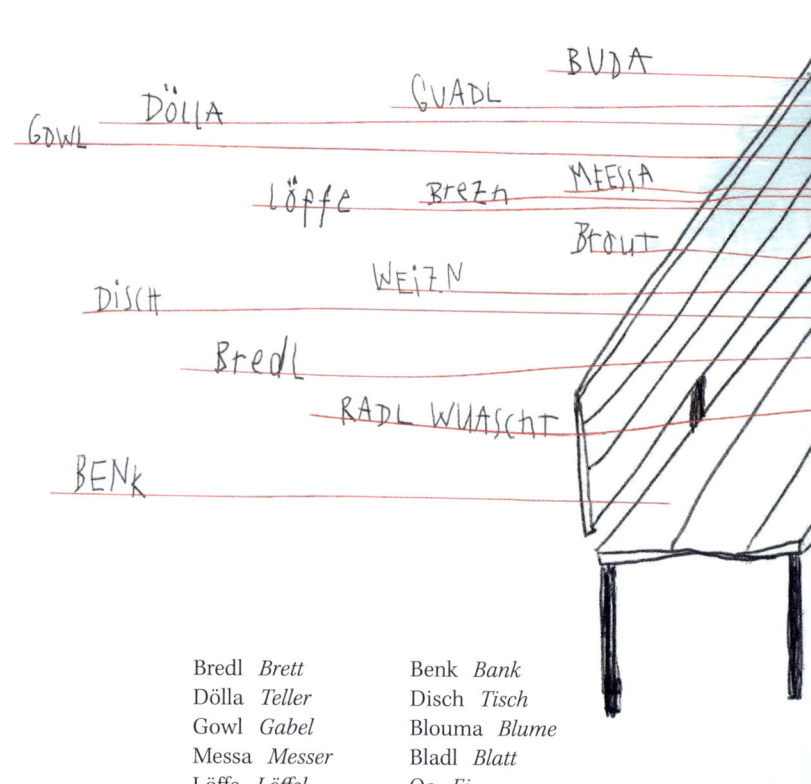

Bredl *Brett*
Dölla *Teller*
Gowl *Gabel*
Messa *Messer*
Löffe *Löffel*

Benk *Bank*
Disch *Tisch*
Blouma *Blume*
Bladl *Blatt*
Oa *Ei*

Brezn *Breze*
Brout *Brot*
Buda *Butter*
Guadl *Bonbon*
Gwasch *Spezi*

Böija *Bier*
Weizn *Weißbier*
Müch *Milch*
Opfe *Apfel*
Kaas *Käse*

Sömme *Brötchen*
Radl Wuascht *Scheibe Wurst*
An Guadn! *Guten Appetit!*
schleckln *naschen*
schnächan *kosten, naschen*
Scherzl *Brotanschnitt*

**Das Fluchen
und Schimpfen**

**Die Sprichwörter
und Zitate**

LEKTION 5

Seite 74-84

5

DAS FLUCHEN UND SCHIMPFEN

5

Das Fluchen und Schimpfen

Die Oberpfälzer*innen schimpfen und granteln viel und gerne. Hier sind ein Paar der beliebtesten Beleidigungen, Schimpf- und Fluchwörter.

Schlawiener

Brunsbislbläder Sprichbeitl

Schijcha Hund HAUMDAUCHA

SACKL ZEMENT NO AMOL

Eodlhex SAKRA DI

Voidepp

HUNZGRIPPL

gscheade Schnepfn pritschn

grouβkopfader SAUEREIß

Gschnaperl RINDVIECH

Strawanzer DAMISCHE urschl

GREISLIGE MATZ

HAmpera

Kreiz Kruzefix

bläijde Trutschn

hirndappiger Zipfeklatscher

GRUMME BIAM BAM

MUHACKl   MISTVIECH

Tratschn

GRANTLER

Dipfelscheißer   Gscheidhaferl

Koschberl

Britschn

OASCHLOCH*

SAXNDI

Bixn   hinterfotziger LACKL

Lausbou

PFUiDAIFE

* Ältere Menschen benutzen „gloans Oaschloch" häufig, wenn sie jemanden als „Angst-
hase" bezeichnen.

5

DIE SPRICHWÖRTER UND ZITATE

DES IS
GHUPFT WÖJ
GSPRUNGA

Es ist egal, wofür man sich entschei-
det, im Prinzip ist es das Gleiche.

Die Sprichwörter
und Zitate

DOU is
DA HUND
VERRECKT

Das Sprichwort „Dou is da Hund
verreckt" wird verwendet, wenn man
deutlich machen will, dass nichts
los ist.

DOU DADÏARD
A DA

DOU DADÏARD
A DA AA

UND DOU
DOU DAD A DA
AA DADÏARN

BLOUMASTOCK

Dort vertrocknet er dir. Dort vertrocknet er dir auch. Und dort, dort würde er dir auch vertrocknen.

Wenn ma
bsuffa san,
samma olle
Oberpfälzer

— ONKL MICHA —
NIEDERBAYER